kochen & genießen Die besten Rezepte

Köstliche Sommer-Hits

MOEWIG

Die Ratschläge in diesem Buch wurden von Autoren und Verlag sorgfältig erwogen und geprüft, dennoch kann eine Garantie nicht übernommen werden. Eine Haftung der Autoren bzw. des Verlags und seiner Beauftragten für Personen-, Sach- oder Vermögensschäden ist ausgeschlossen.

Moewig ist ein Imprint der Edel Germany GmbH

www.moewig.de | www.edel.com
2. Auflage 2011

Redaktion kochen & genießen:
Götz Poggensee (Chefredaktion)

Redaktion dieser Ausgabe:
Tanja Dostal

Fotos:
Food & Foto, Hamburg (3);
S. 15, 25, 33, 36, 39, 57, 58, 71, 72:
Food Collection.com (9);
S. 16, 19, 68:
Photo Alto/I. Rozenbaum/F. Cirou (3)

Layout und Satz:
Marion Müller, mal 3 | www.mal3-design.de

Druck und Bindung:
optimal media production GmbH, Röbel

Printed in Germany

ISBN 978-3-86803-466-0

Den Sommer genießen – in vollen Zügen

Wenn die Sonne scheint und die Temperaturen steigen, beginnt die beste Jahreszeit für viele Obst- und Gemüsesorten. Dann kommen sie endlich wieder ganz frisch und voller Geschmack aus der näheren Umgebung. Und wenn Sie einen eigenen Garten haben, können Sie Tomaten, Zucchini oder Erdbeeren vielleicht direkt vom Strauch oder aus dem Beet auf den Tisch bringen. Aber auch auf dem Wochen- oder im Supermarkt macht die Auswahl an aromatischen Früchten und frischem Gemüse jetzt ganz viel Spaß.

Unsere Rezepte bieten Ihnen die Möglichkeit, den Sommer so richtig zu genießen. Sie sind lecker und unkompliziert in der Zubereitung. Viele frische Kräuter und mediterrane Zutaten lassen Urlaubsstimmung aufkommen. Und da wir im Sommer auch nicht gern stundenlang am Herd stehen, sind die meisten Rezepte ganz schnell gemacht.

Die Auswahl reicht von knackigen Salaten und Kaltschalen über aromatische Gemüsegerichte bis zu fruchtigen Desserts. Grillfans kommen auch auf ihre Kosten: Köstliche Fleisch-, Fisch- und Gemüsevariationen bringen Abwechslung auf den Rost. Unsere leckeren Gerichte zum Mitnehmen sind perfekt für ein Picknick im Grünen oder einen Tag am See. Und für alle, die gern Gäste einladen, haben wir eine Auswahl sommerlicher Party-Hits zusammengestellt, die große und kleine Runden begeistern.

Alle unsere Rezepte wurden von den Koch-Profis der Redaktion entwickelt und in der Versuchsküche getestet. Sie können also sicher sein, dass alle Gerichte bestens gelingen.

Viel Spaß beim Kochen und guten Appetit!

Ihre Redaktion
kochen & genießen

Salate & Suppen S.8
Die Favoriten im Sommer

Picknick im Grünen S.20
Ein Spaß für die ganze Familie

Großes Grillvergnügen S.30
Es muss nicht immer Bratwurst sein

Gemüse aus dem Garten S.42
Vitamine in Top-Form

Sommerparty-Hits S.52
Die sorgen für gute Laune

Fruchtige Desserts S.64
Hier geben freche Früchtchen den Ton an

Rezept-Register S.74
von A–Z

Salate & Suppen

Die Favoriten im Sommer

Salatmix mit Croûtons & Joghurt

ZUTATEN FÜR 4 PERSONEN

- 150 g Vollmilch-Joghurt
- 150 g leichte Salatcreme
- 1–2 TL mittelscharfer Senf
- 2 EL Zitronensaft
- Salz • Pfeffer • Zucker
- 2–3 Mini-Römersalate
- 250 g Kirschtomaten
- 2–3 Scheiben Toastbrot
- 2 EL Butter
- 50 g Parmesan (Stück)

1 Joghurt, Salatcreme, Senf und Zitronensaft verrühren. Mit Salz, Pfeffer und 1 Prise Zucker abschmecken.

2 Salat putzen, waschen und in Streifen schneiden. Tomaten waschen und halbieren. Toast in kleine Rauten oder Würfel schneiden.

3 Butter erhitzen. Toast darin rundherum knusprig rösten. Mit Salz und Pfeffer würzen, auf Küchenpapier abtropfen lassen.

4 Salat und Tomaten mit der Soße mischen, mit den Croûtons bestreuen. Parmesan darüberhobeln.

ZUBEREITUNGSZEIT ca. 25 Min.
PORTION ca. 380 kcal
30 g E · 20 g F · 16 g KH

Lässt sich prima ergänzen

So wird der Salat schnell zur sättigenden Mahlzeit: z. B. gebratene Hähnchenstreifen und Champignons, Eischeiben, Thunfisch (Dose) oder Schinkenwürfel untermischen.

Mozzarella-Tortiglioni-Salat

ZUTATEN FÜR 4 PERSONEN

- 200 g kurze Nudeln (z. B. Tortiglioni)
- Salz • Pfeffer
- 1 Zwiebel
- 3 EL Öl
- 4 EL Balsamico-Essig
- 1 gestrichener TL Gemüsebrühe
- 200 g Mozzarella
- 6 mittelgroße Tomaten
- 150 g Blattsalat (z. B. Pflücksalat und Radicchio)
- 1 Beet Kresse

1 Nudeln in reichlich kochendem Salzwasser ca. 10 Minuten bissfest garen. Dann abtropfen und auskühlen lassen.

2 Für die Marinade Zwiebel schälen und fein würfeln. Im heißen Öl anbraten. 200 ml Wasser, Essig und Brühe zufügen. Mit Salz und Pfeffer würzen.

3 Mozzarella würfeln. Mit Nudeln und der Marinade mischen. Mind. 30 Minuten ziehen lassen.

4 Tomaten waschen und klein schneiden. Salatblätter waschen, trocken schütteln und kleiner zupfen. Beides unter die Nudeln mischen, nochmals abschmecken. Kresse waschen, vom Beet schneiden und darüberstreuen.

ZUBEREITUNGSZEIT ca. 20 Min.
AUSKÜHL-/MARINIERZEIT mind. 1 Std.
PORTION ca. 390 kcal
17 g E · 17 g F · 40 g KH

Sommersalat mit Geflügelleber

ZUTATEN FÜR 4 PERSONEN

- 1–2 Knoblauchzehen
- 300 g Vollmilch-Joghurt
- 200 g Schmand o. stichf. saure Sahne
- 2 TL Zitronensaft
- Salz • Pfeffer • etwas Zucker
- 1 kleine Gemüsezwiebel
- 1 kleiner Kopf grüner Salat (z. B. Römersalat)
- 3–4 Tomaten
- 200 g Putenleber
- 1 EL Öl
- 2–3 Stiele Minze oder Petersilie
- 8–10 kleine Peperoni (Glas)

1 Knoblauch schälen und fein hacken. Mit Joghurt, Schmand und Zitronensaft verrühren. Mit Salz, Pfeffer und Zucker abschmecken.

2 Zwiebel schälen und in feine Spalten schneiden. Salat putzen, waschen und abtropfen lassen. In Streifen schneiden. Tomaten waschen und in Spalten schneiden.

3 Leber waschen, trocken tupfen und in Würfel schneiden. Öl in einer Pfanne erhitzen. Leber darin rundherum 4–5 Minuten braten. Dann mit Salz und Pfeffer würzen.

4 Minze waschen und abzupfen. Blättchen in feine Streifen schneiden. Salat, Tomaten, Zwiebel und Peperoni auf einer Platte mischen. Leber und 3/4 der Minze darüber verteilen. Übrige Minze auf die Knoblauchsoße streuen und dazureichen. Dazu passt Baguette.

ZUBEREITUNGSZEIT ca. 30 Min.
PORTION ca. 290 kcal
17 g E · 18 g F · 12 g KH

Griechischer Gyros-Schichtsalat

ZUTATEN FÜR 8 PERSONEN

- 4 Schweine- oder Putenschnitzel (ca. 600 g) • 8 EL Olivenöl
- ca. 1 TL getrockneter Thymian
- Pfeffer • Edelsüß-Paprika
- 1 große Gemüsezwiebel • Salz
- 500 g Spitzkohl • 1 Salatgurke
- 8 Tomaten • 600 g Vollmilch-Joghurt
- 4 TL Tzatziki-Gewürzsalz
- abgeriebene Schale von 1 Bio-Zitrone
- evtl. Peperoni, Oliven und Thymian zum Garnieren

1 Fleisch waschen, trocken tupfen und in Streifen schneiden. 4 EL Öl mit Thymian, Pfeffer und Paprika verrühren. Mit dem Fleisch mischen und mind. 30 Minuten marinieren.

2 Zwiebel schälen, grob würfeln. Fleisch in einer erhitzten Pfanne rundherum ca. 5 Minuten braten. Hälfte Zwiebel kurz mitbraten. Mit Salz würzen. Auskühlen lassen.

3 Spitzkohl putzen, waschen, vierteln und in feine Streifen schneiden oder hobeln. Gurke und Tomaten waschen. Gurke würfeln. Tomaten in Scheiben schneiden.

4 Joghurt, 4 EL Öl, Tzatziki-Würzer und Zitronenschale glatt rühren. Evtl. mit Salz und Pfeffer abschmecken. Vorbereitetes Gemüse, Zwiebel, Gyros und Tzatziki-Soße in 8 Schälchen schichten. Mit Peperoni, Oliven und Thymian garnieren.

ZUBEREITUNGSZEIT ca. 35 Min.
MARINIERZEIT mind. 30 Min.
AUSKÜHLZEIT ca. 30 Min.
PORTION ca. 280 kcal
24 g E · 15 g F · 11 g KH

Caesar Salad mit Joghurt-Dressing

ZUTATEN FÜR 4 PERSONEN

- 4 Eier
- ca. 150 g Ciabatta
- 4 Scheiben Frühstücksspeck (Bacon)
- 2 EL weißer Balsamico-Essig
- Salz • Pfeffer • Zucker
- 3–4 EL Olivenöl
- ½ Bund Lauchzwiebeln
- 1 kleiner Römersalat
- 125 g Rucola (Rauke)
- 40 g Parmesan (Stück)
- 250 g fettarmer Joghurt
- 1 TL Zitronensaft
- 1 Knoblauchzehe

1 Eier ca. 8 Minuten wachsweich kochen. Inzwischen Ciabatta in ca. 8 dünne Scheiben schneiden. Speck in einer beschichteten Pfanne ohne Fett knusprig braten. Herausnehmen und auf Küchenpapier abtropfen. Brot im Speckfett goldbraun rösten.

2 Eier abschrecken, schälen und abkühlen lassen. Essig, Salz, Pfeffer und 1 Prise Zucker verrühren. 2–3 EL Öl darunterschlagen. Lauchzwiebeln und Salate putzen und waschen. Lauchzwiebeln in Ringe schneiden, Salate etwas kleiner zupfen. Beides mit der Marinade mischen.

3 Speck zerbröckeln. Hälfte Parmesan reiben und den Rest mit dem Sparschäler in dünne Späne hobeln. Joghurt, Zitronensaft, den geriebenen Parmesan und 1 EL Öl verrühren. Knoblauch schälen und direkt hineinpressen. Die Soße abschmecken.

4 Joghurt-Dressing unter den Salat heben. Eier halbieren und darauf anrichten. Mit Speck und Parmesanspänen bestreuen. Mit gerösteten Ciabatta-Scheiben garnieren.

ZUBEREITUNGSZEIT ca. 30 Min.
PORTION ca. 380 kcal
18 g E · 21 g F · 28 g KH

Rucola-Tomaten-Platte mit Balsamico-Dressing

ZUTATEN FÜR 4 PERSONEN

- 1–2 Knoblauchzehen
- 4 EL Balsamico- oder Rotwein-Essig
- Salz • Pfeffer • Zucker
- 4–5 EL Öl (z. B. Olivenöl)
- 125–150 g Rucola (Rauke) oder 1 kleiner Römersalat
- 500 g Tomaten
- ½ kleine Gemüsezwiebel

1 Knoblauch schälen. Essig, Salz, Pfeffer und etwas Zucker verrühren. Öl darunterschlagen. Knoblauch hacken und in die Marinade geben oder durch die Knoblauchpresse hineindrücken.

2 Rucola putzen, waschen, abtropfen lassen und in Streifen schneiden. Tomaten putzen, waschen und je nach Größe vierteln oder grob würfeln. Gemüsezwiebel schälen und in grobe Würfel oder halbe Ringe schneiden.

3 Die vorbereiteten Salatzutaten mit der Marinade mischen und alles etwas ziehen lassen. Dazu passt Baguette.

ZUBEREITUNGSZEIT ca. 20 Min.
PORTION ca. 140 kcal
3 g E · 11 g F · 6 g KH

Tomatensuppe mit Parmesan

ZUTATEN FÜR 4 PERSONEN

- 1 kg reife Tomaten
- 2 Möhren
- 2 mittelgroße Zucchini
- 2 gelbe Paprikaschoten
- 2 mittelgroße Zwiebeln
- 1–2 Knoblauchzehen
- 1 EL Öl
- 2 EL Tomatenmark
- 2–3 TL Gemüsebrühe
- 1 TL getrockneter Oregano
- Salz • Pfeffer • Zucker
- 30 g Parmesan (Stück)

1 Tomaten kreuzweise einritzen, kurz überbrühen, abschrecken und die Haut abziehen. Tomaten würfeln. Möhren, Zucchini und Paprika schälen bzw. putzen, waschen und in Stücke schneiden. Zwiebeln und Knoblauch schälen. Zwiebeln in Streifen schneiden, Knoblauch hacken.

2 Öl in einem großen Topf erhitzen. Möhren, Zucchini und Paprika darin ca. 3 Minuten andünsten. Tomatenmark einrühren, kurz anschwitzen. Tomaten, 1 l Wasser, Brühe und Oregano einrühren. Aufkochen und alles zugedeckt ca. 10 Minuten köcheln.

3 Suppe mit Salz, Pfeffer und etwas Zucker abschmecken, anrichten. Parmesan hauchdünn darüberhobeln.

ZUBEREITUNGSZEIT ca. 30 Min.
PORTION ca. 150 kcal
8 g E · 6 g F · 16 g KH

Frische Gemüsesuppe

ZUTATEN FÜR 4 PERSONEN

- 1 Zwiebel
- 2 mittelgroße Kohlrabi
- 500 g Kartoffeln
- 1 Bund (500 g) kleine Möhren
- 1 EL Butter/Margarine
- 3–4 TL Gemüsebrühe
- 200 g Zuckerschoten oder TK-Erbsen
- 4–5 Stiele Kerbel oder Petersilie
- Salz • Pfeffer • Muskat

1 Zwiebel schälen und fein würfeln. Kohlrabi, Kartoffeln und Möhren schälen, waschen. Evtl. bei den Möhren etwas Grün stehen lassen. Kohlrabi in Stifte schneiden, Möhren je nach Größe halbieren oder vierteln. Kartoffeln in kleine Würfel schneiden.

2 Fett in einem großen Topf erhitzen. Zwiebel darin andünsten. Gemüse und Kartoffeln kurz mit andünsten. 1½ l Wasser und Brühe einrühren. Aufkochen und zugedeckt 10–15 Minuten köcheln. Inzwischen Zuckerschoten putzen und waschen. In der Suppe ca. 5 Minuten mitgaren.

3 Kerbel waschen und Blättchen abzupfen. Suppe mit Salz, Pfeffer und Muskat abschmecken. Alles anrichten und mit Kerbel bestreuen.

ZUBEREITUNGSZEIT ca. 30 Min.
PORTION ca. 190 kcal
7 g E · 3 g F · 32 g KH

Variations-Ideen

Die Gemüsesuppe ganz nach Geschmack mit grünem Spargel, fertigem Eierstich, Hackbällchen oder Grießklößchen ergänzen. Dann evtl. die Kartoffeln weglassen oder nur die Hälfte nehmen.

Chinasuppe mit Mie-Nudeln

ZUTATEN FÜR 4 PERSONEN

- 2 mittelgroße Möhren
- 1 walnussgr. Stück frischer Ingwer
- evtl. 2 Chilischoten
- 1 Hähnchenbrust mit Haut und Knochen (350–400 g)
- 100 g Shiitake-Pilze
- 1 rote Paprikaschote
- 100 g Mungobohnen-Keimlinge
- 1 Dose (314 ml) Bambusschösslinge
- 250 g Paksoi (ersatzw. Chinakohl)
- 1 EL Öl • 200 g Mie-Nudeln (asiatische Weizennudeln)
- Salz • ca. 1 TL Sambal Oelek

1 Möhren schälen und waschen. Ingwer schälen und klein schneiden. Chili und Hähnchenbrust waschen. Mit Möhren, Ingwer und Chili in 1 l kochendes Wasser geben. Zugedeckt ca. 40 Minuten bei schwacher Hitze köcheln.

2 Pilze waschen, Stiele abschneiden. Paprika putzen, waschen und in feine Streifen schneiden. Keimlinge verlesen, waschen. Bambus abtropfen lassen. Paksoi putzen, waschen und in Streifen schneiden. Übrige Möhre in Scheiben schneiden.

3 Hähnchenbrust herausheben. Brühe durchsieben. Möhre, Pilze und Paprika im heißen Öl anbraten. Brühe zugießen, aufkochen. Nudeln zufügen und darin 4–5 Minuten garen.

4 Fleisch von Haut und Knochen lösen und klein schneiden. Mit Paksoi, Keimlingen und Bambus in der Suppe erhitzen. Mit Salz und Sambal Oelek abschmecken.

ZUBEREITUNGSZEIT ca. 1 Std.
PORTION ca. 300 kcal
24 g E · 8 g F · 30 g KH

Zucchini-Cremesuppe mit Gnocchi

ZUTATEN FÜR 4 PERSONEN

- 1 mittelgroße Zwiebel
- 500 g Zucchini
- 2 EL Butter/Margarine
- 2 EL Mehl
- ¾ l Gemüsebrühe
- 1 Packung (400 g) Gnocchi (Kühlregal)
- Salz • Pfeffer
- 100 g Schlagsahne
- ½ Bund Schnittlauch
- ½ TL rosa Beeren (pfefferähnliches Gewürz)
- 50 g Mascarpone (ital. Frischkäse)

1 Zwiebel schälen und fein würfeln. Zucchini putzen, waschen und trocken reiben. Mit einer Küchenreibe in dünne Streifen raspeln.

2 Fett in einem Topf erhitzen. Zwiebel darin glasig dünsten. Zucchini, bis auf 100 g, darin andünsten. Mehl darüberstäuben und anschwitzen. Mit ½ l Brühe ablöschen, aufkochen. Zugedeckt bei mittlerer Hitze ca. 15 Minuten kochen.

3 Gnocchi in siedendem Salzwasser 2–3 Minuten erhitzen. Zucchini in der Brühe pürieren. ¼ l Brühe und 100 g Schlagsahne hineinrühren und aufkochen. Mit Salz und Pfeffer abschmecken. Gnocchi abtropfen lassen und in die Suppe geben.

4 Schnittlauch waschen, gut trocken schütteln und in feine Röllchen schneiden. Rosa Beeren zerstoßen. Suppe auf Tellern anrichten. Den Mascarpone als Klecks daraufgeben. Mit Schnittlauchröllchen, restlichen Zucchinistreifen und den zerstoßenen rosa Beeren bestreuen.

ZUBEREITUNGSZEIT ca. 35 Min.
PORTION ca. 370 kcal
7 g E · 17 g F · 44 g KH

Picknick im Grünen

Ein Spaß für die ganze Familie

Leberkäs-Burger mit Kraut

ZUTATEN FÜR 4 PERSONEN

- 1 kleine Zwiebel
- 2 EL Öl
- 1 Dose (314 ml) Weinsauerkraut
- evtl. 2–3 Wacholderbeeren
- 2 Scheiben (à ca. 75 g) Leber- oder Fleischkäse
- 3–4 Stiele Petersilie
- Salz • Pfeffer • Zucker
- 4 Laugenbrötchen
- 4 TL süßer Senf
- 4 TL Crème fraîche
- 4 TL Röstzwiebeln
- evtl. Salat und Kirschtomaten zum Garnieren

1 Zwiebel schälen und fein würfeln. In 1 EL heißem Öl andünsten. Sauerkraut kurz mitdünsten. Wacholder und 4–5 EL Wasser zufügen. Zugedeckt 15–20 Minuten schmoren.

2 Inzwischen Leberkäse halbieren. In 1 EL heißem Öl von jeder Seite ca. 2 Minuten goldbraun braten.

3 Petersilie waschen und hacken. Sauerkraut mit Salz, Pfeffer und etwas Zucker abschmecken und evtl. etwas abtropfen lassen.

4 Brötchen aufschneiden. Untere Hälften mit Senf bestreichen, mit Leberkäse und Sauerkraut belegen. Crème fraîche glatt rühren und je 1 TL daraufgeben. Mit Röstzwiebeln und Petersilie bestreuen. Obere Brötchenhälften daraufsetzen. Anrichten und garnieren.

ZUBEREITUNGSZEIT ca. 30 Min.
PORTION ca. 360 kcal
10 g E · 22 g F · 29 g KH

Croques mit Putenschnitzel

ZUTATEN FÜR 4 STÜCK

- 150 g Vollmilch-Joghurt
- 2 EL Salat-Mayonnaise
- 1 Bund Schnittlauch
- ½ Salatgurke
- Salz • Pfeffer
- 4 kleine Tomaten
- ½ Kopf Eisbergsalat
- 2 dünne Putenschnitzel (à ca. 150 g)
- 1 EL Öl
- 1 Baguette (ca. 250 g)

1 Joghurt und Mayonnaise verrühren. Schnittlauch waschen und in Röllchen schneiden. Bis auf 1 EL in die Mayonnaise rühren. Gurke waschen. Ca. ⅓ würfeln und in die Mayonnaise rühren. Mit Salz und Pfeffer abschmecken. Rest Gurke in Scheiben hobeln.

2 Tomaten waschen und in Scheiben schneiden. Eisbergsalat putzen, waschen und in mundgerechte Stücke zupfen. Fleisch waschen und trocken tupfen. Putenschnitzel in Stücke schneiden. Öl in einer Pfanne erhitzen. Fleisch darin von jeder Seite ca. 2 Minuten braten, mit Salz und Pfeffer würzen und herausnehmen.

3 Baguette in 4 Stücke teilen und längs halbieren. Die Hälften mit der Mayonnaise bestreichen. Auf die untere Hälfte Eisbergsalat, Gurkenscheiben, Putenschnitzel und Tomaten schichten. Mit Rest Schnittlauch bestreuen, obere Hälfte daraufsetzen.

ZUBEREITUNGSZEIT ca. 30 Min.
STÜCK ca. 340 kcal
26 g E · 9 g F · 37 g KH

Kalte Küche

So klappt's ganz ohne Herd: Sie können statt der Schnitzel auch geräucherten Putenbrust-Aufschnitt auf die Croques legen. Dann sind Sie noch schneller fertig.

Speckbrot mit Kräuterquark

ZUTATEN FÜR CA. 20 SCHEIBEN

- 1 Packung (1000 g) Backmischung für „Krustenbrot“
- 2 Päckchen Trockenhefe
- 5 mittelgroße Zwiebeln
- 200 g Schinkenwürfel
- 1 EL Öl
- etwas Mehl
- 1 Bund Schnittlauch
- 500 g Speisequark (20 % Fett)
- 200 g Rahm-Frischkäse
- 3–4 EL Mineralwasser
- Salz • Pfeffer
- evtl. Tomatenscheiben
- Backpapier

1 Backmischung und Hefe mischen. 720 ml lauwarmes Wasser zugießen. Mit den Knethaken des Handrührgerätes erst kurz auf niedriger Stufe, dann auf höchster Stufe ca. 3 Minuten verkneten. Zugedeckt an einem warmen Ort ca. 30 Minuten gehen lassen.

2 4 Zwiebeln schälen, würfeln. Mit dem Schinken im heißen Öl knusprig braten, auskühlen.

3 Teig mit bemehlten Händen durchkneten. Zu 2 Rollen (ca. 50 cm lang) formen. Leicht flach drücken. Schinken-Füllung darauf verteilen, Teig darüberklappen und wieder zu Rollen formen. Umeinander drehen und diagonal auf ein mit Backpapier ausgelegtes Blech legen. Ca. 15 Minuten weitergehen lassen. Im vorgeheizten Backofen (E-Herd: 200 °C/Umluft: 175 °C/ Gas: Stufe 3) 45–50 Minuten backen.

4 1 Zwiebel schälen, fein würfeln. Schnittlauch waschen, fein schneiden. Mit Quark, Frischkäse und Mineralwasser verrühren, abschmecken. Brot herausnehmen, auskühlen lassen. Quark und Tomatenscheiben dazureichen.

ZUBEREITUNGSZEIT ca. 30 Min.
GEHZEIT ca. 45 Min.
BACKZEIT 45–50 Min.
AUSKÜHLZEIT ca. 1 Std.
SCHEIBE ca. 270 kcal
11 g E · 9 g F · 35 g KH

Extra-Tipp

Wenn Sie das Speckbrot am Vortag backen möchten: in Alufolie wickeln und vor dem Servieren kurz aufbacken.

Herzhafter Lauchzwiebel-Kuchen

ZUTATEN FÜR CA. 16 STÜCKE

- 1 Packung (500 g) Backmischung für „Roggen-Mischbrot“ mit Hefe
- 350 g Zwiebeln
- 2 Bund Lauchzwiebeln
- 50 g Butter/Margarine
- Salz • Pfeffer • Kümmel
- etwas Mehl und Fett
- 200 g Schmand oder saure Sahne
- 2 Eier (Gr. M)

1 Backmischung und 330 ml lauwarmes Wasser mit den Knethaken des Handrührgeräts ca. 5 Minuten verkneten. Zugedeckt an einem warmen Ort ca. 30 Minuten gehen lassen.

2 Zwiebeln schälen und würfeln. Lauchzwiebeln putzen, waschen und klein schneiden. Fett erhitzen. Zwiebeln und Lauchzwiebeln darin portionsweise ca. 8 Minuten dünsten. Mit Salz, Pfeffer und Kümmel würzen.

3 Teig mit etwas Mehl durchkneten und auf einer gefetteten und mit Mehl bestäubten Fettpfanne (ca. 35 x 40 cm) ausrollen. Rand etwas hochziehen. Weitere ca. 30 Minuten gehen lassen.

4 Schmand und Eier verquirlen, mit Salz und Pfeffer würzen. Alle Zwiebeln auf dem Teig verteilen. Eier-Schmand darübergießen. Im vorgeheizten Backofen (E-Herd: 200 °C/Umluft: 175 °C/Gas: Stufe 3) 35–40 Minuten backen.

ZUBEREITUNGSZEIT ca. 25 Min.
GEHZEIT ca. 1 Std.
BACKZEIT 35–40 Min.
STÜCK ca. 170 kcal
5 g E · 6 g F · 24 g KH

Kalte Tomatensuppe

ZUTATEN FÜR 6–8 PERSONEN

- 1 mittelgroße Zwiebel
- 1–2 Knoblauchzehen
- 1 l Tomatensaft
- 500 g passierte Tomaten
- 2 Päckchen Salat-Krönung „Balsamico-Kräuter"
- Salz • Pfeffer
- 1 kleine Salatgurke
- 200 g Tomaten
- 1 große rote Paprikaschote
- 100 g schwarze Oliven (ohne Stein)
- 3 EL Olivenöl

1 Zwiebel und Knoblauch schälen und hacken. Tomatensaft, passierte Tomaten, Salat-Kräuter, Knoblauch und Zwiebel verrühren. Abschmecken. Mind. 3 Stunden kalt stellen.

2 Gurke und Tomaten waschen. Tomaten vierteln und entkernen. Paprika putzen und waschen. Alles fein würfeln. Oliven evtl. grob hacken. Gemüse, Oliven und Öl in die Suppe rühren.

ZUBEREITUNGSZEIT ca. 15 Min.
KÜHLZEIT mind. 3 Std.
PORTION ca. 140 kcal
4 g E · 8 g F · 12 g KH

Für unterwegs

Die Suppe am besten gleich in fest schließende Bügelgläser mit Gummiring füllen. So hat jeder sein Süppchen zum Auslöffeln.

Knusprige Mini-Fladenbrote

ZUTATEN FÜR 8 STÜCK

- 2 Zweige Rosmarin
- 250 g Fetakäse
- 1 Packung (460 g; für ¼ l Wasser) Backmischung „Pizzateig"
- Mehl zum Ausrollen
- 150–200 g schwarze Oliven (ohne Stein)
- 3–4 EL Olivenöl

1 Rosmarin waschen, trocken schütteln und Nadeln abzupfen. Feta in dünne Scheiben schneiden.

2 Inhalt beider Pizzateig-Beutel mit ¼ l Wasser zum glatten Teig verkneten. Auf etwas Mehl zur Rolle formen. In 8 Stücke teilen und jeweils ca. ½ cm dünne Fladen ausrollen.

3 Feta, Oliven und Rosmarin auf den Fladen verteilen. Mit Öl beträufeln. Im vorgeheizten Backofen (E-Herd: 200 °C/ Umluft: 175 °C/Gas: Stufe 3) ca. 15 Minuten backen.

ZUBEREITUNGSZEIT ca. 10 Min.
BACKZEIT ca. 15 Min.
STÜCK ca. 390 kcal
10 g E · 21 g F · 38 g KH

Clever eingekauft

Statt der Pizzateig-Mischung können Sie auch eine Brotbackmischung nehmen. Am besten geht's mit Weißbrot, Misch- oder Krustenbrot.

Wenn Sie gerade keinen frischen Rosmarin haben: Getrocknete mediterrane Kräuter wie Rosmarin, Thymian oder Kräuter der Provence gehen ebenso gut.

Picknick-Schichtsalat

ZUTATEN FÜR 6 PERSONEN

- 2 Eier
- 1 Dose (425 ml) Maiskörner
- 1 Glas (370 ml) Selleriesalat
- 1 Dose (580 ml) Ananasstücke
- ½ Eisbergsalat • 1 Bund Radieschen
- 200 g Salat-Mayonnaise
- 150 g Vollmilch-Joghurt
- 1 TL Zitronensaft
- Salz • Cayennepfeffer
- 100 g gekochter Schinken
- ½ Bund Schnittlauch
- 75 g geriebener Gouda

1 Eier hart kochen. Abschrecken, schälen und abkühlen lassen. Mais, Sellerie und Ananas getrennt abtropfen lassen, Ananassaft dabei auffangen.

2 Eisbergsalat und Radieschen putzen und waschen. Salat in Streifen, Radieschen in dünne Scheiben schneiden.

3 Mayonnaise, Joghurt, 2 EL Ananas- und Zitronensaft verrühren. Mit Salz und Pfeffer abschmecken. Schinken in feine Streifen, Eier in Scheiben schneiden. Schnittlauch waschen und fein schneiden. Alles mit Käse in 6 Gläser schichten.

ZUBEREITUNGSZEIT ca. 40 Min.
PORTION ca. 360 kcal
15 g E · 20 g F · 27 g KH

Feine Scones

ZUTATEN FÜR CA. 12 STÜCK

- 250 g + etwas Mehl
- Salz
- 50 g Zucker
- ½ Päckchen Backpulver
- 50 g weiche Butter
- ⅛ l + 2 EL Milch
- Backpapier

1 250 g Mehl, 1 Prise Salz, Zucker und Backpulver mischen. 50 g Butter in Flöckchen und ⅛ l Milch zufügen. Erst mit den Knethaken, dann mit den Händen glatt verkneten. 15 Minuten kalt stellen, dann bei Raumtemperatur ca. 20 Minuten ruhen lassen.

2 Teig auf wenig Mehl ca. 2 cm dick ausrollen. Daraus Kreise (ca. 6 cm Ø) ausstechen. Auf ein mit Backpapier ausgelegtes Backblech legen. Rest Teig genauso verarbeiten.

3 Mit 2 EL Milch bestreichen. Im vorgeheizten Backofen (E-Herd: 225 °C/Umluft: 200 °C/Gas: Stufe 4) ca. 12 Minuten backen. Herausnehmen und abkühlen lassen.

4 Scones lauwarm oder kalt servieren. Dazu schmeckt Crème double und Himbeer-Konfitüre.

ZUBEREITUNGSZEIT ca. 25 Min.
RUHE-/AUSKÜHLZEIT ca. 1 Std.
BACKZEIT ca. 12 Min.
STÜCK ca. 210 kcal
3 g E · 10 g F · 25 g KH

Großes Grillvergnügen

Es muss nicht immer Bratwurst sein

Fischfilet mit Chili-Curry-Paste

ZUTATEN FÜR 6 PERSONEN

- 6 Scheiben (1,2 kg) Seelachsfilet
- 5 EL Zitronensaft
- je ½ TL Chilipulver und Curry
- 6 Pfirsiche oder Nektarinen
- 6 mittelgroße Tomaten
- 1 großes Bund Lauchzwiebeln
- 4–5 Stiele Basilikum
- 5 EL Weißwein-Essig
- Salz • Pfeffer • Zucker
- 5 EL Öl
- Alu-Grillschalen oder Alufolie

1 Fisch waschen und trocken tupfen. Zitronensaft, Chilipulver und Curry verrühren. Fisch damit bestreichen.

2 Pfirsiche waschen, halbieren und entsteinen. Tomaten waschen, vierteln und evtl. entkernen. Beides würfeln. Lauchzwiebeln putzen, waschen und in feine Ringe schneiden. Basilikum waschen, abzupfen und fein schneiden.

3 Essig mit Salz, Pfeffer und 1 Prise Zucker verrühren. Öl darunterschlagen. Vorbereitete Salatzutaten und Marinade mischen, etwas ziehen lassen.

4 Fischstücke in Grillschalen legen. Auf dem heißen Grill pro Seite 5–6 Minuten grillen. Mit Salz würzen. Salat abschmecken. Alles anrichten.

ZUBEREITUNGSZEIT ca. 40 Min.
PORTION ca. 320 kcal
39 g E · 11 g F · 14 g KH

Extra-Tipp

Sie haben keine Grillschalen? Dann basteln Sie doch welche aus Alufolie. Folie mind. doppelt nehmen, ca. 2 cm Rand hochklappen.

Paprika-Käse-Hacksteaks

ZUTATEN FÜR 8 PERSONEN

- 1 mittelgroße Zwiebel
- 3 kleine Paprikaschoten (z. B. grün, gelb und rot)
- 125 g Gouda (Stück)
- 600 g gemischtes Hack
- 2 EL Paniermehl
- 1 Ei
- Salz • Pfeffer
- 2–3 mittelgroße Fleischtomaten
- 2 kleine Gemüsezwiebeln
- Öl zum Bestreichen
- 400 g Tsatsiki-Quark
- 60 g schwarze Oliven
- 60 g eingelegte milde grüne Peperoni
- Alu-Grillschalen oder Alufolie

1 Zwiebel schälen. Paprika putzen und waschen. Beides fein würfeln. Gouda ebenfalls fein würfeln. Alles mit Hack, Paniermehl, Ei, Salz und Pfeffer verkneten. Aus der Hackmasse 8 ovale, flache Steaks formen.

2 Tomaten waschen, Gemüsezwiebeln schälen. Beides in dicke Scheiben schneiden. Tomaten, Zwie-beln und Hacksteaks von jeder Seite mit etwas Öl bestreichen.

3 Steaks auf dem heißen Grill 10–15 Minuten grillen, dabei öfter wenden. Tomaten und Zwiebeln (auf Alufolie oder Grillschalen) 4–6 Minuten grillen, dabei 1x wenden. Würzen. Die Hacksteaks mit Tomaten, Zwiebeln, Tsatsiki, Oliven und Peperoni anrichten.

ZUBEREITUNGSZEIT ca. 40 Min.
PORTION ca. 360 kcal
29 g E · 21 g F · 12 g KH

Grillplatte & Dips

ZUTATEN FÜR 6 PERSONEN

- 1 Dose (425 ml) Pfirsiche
- 1 Dose (236 ml) Ananas
- 150 ml süßsaure Asia-Soße
- 1–2 EL flüssiger Honig
- einige Stiele Petersilie
- 1 Bund Lauchzwiebeln
- 250 ml Tomatenketchup
- 1–2 TL Curry
- 1 Glas (314 ml) getrocknete Tomaten in Öl
- 400 g Mini-Paprika oder kleine Paprikaschoten
- 600 g Lammlachse oder Schweineschnitzel
- einige Lorbeerblätter
- 6 kleine Hähnchenfilets (600 g)
- Saft von 1 Zitrone
- Salz • Pfeffer
- 2 Stiele Salbei
- 12 Holz- oder Metallspieße

1 **Pfirsich-Ananas-Dip:** Obst abtropfen. Pfirsiche pürieren. Mit Asia-Soße und Honig verrühren. Ananas fein hacken. Petersilie waschen und hacken. Beides in die Soße rühren.

2 **Tomaten-Dip:** Lauchzwiebeln putzen, waschen und fein schneiden. Mit Ketchup und Curry verrühren.

3 Tomaten abtropfen lassen, Öl auffangen. Paprika putzen, waschen. Lamm würfeln. Mit Paprika, Tomaten und Lorbeer abwechselnd auf Spieße stecken.

4 Filets waschen, flacher klopfen oder halbieren und längs aufspießen. Mit Zitronensaft beträufeln, würzen. Salbei darauf verteilen. Alle Spieße mit Tomatenöl beträufeln und unter mehrmaligem Wenden ca. 8 Minuten grillen.

ZUBEREITUNGSZEIT ca. 45 Min.
PORTION ca. 590 kcal
73 g E · 14 g F · 38 g KH

Marinierte Steaks & Hähnchenkeulen

ZUTATEN FÜR 8 PERSONEN

- 12–16 Hähnchenunterkeulen (ca. 1 kg)
- Pfeffer • Salz
- 200–250 ml Öl
- 6 EL Tomatenketchup
- 1–2 EL Sojasoße
- 1 TL Curry
- 1–2 Knoblauchzehen
- Gyros-Gewürzsalz
- 2 mittelgroße Zwiebeln
- 12–16 dünne Schweinesteaks (aus dem Rücken; à ca. 80 g)
- 2 EL Zitronensaft
- ca. 2 TL getrocknete Kräuter der Provence

1 **Hähnchenkeulen mit Curry-Kruste:** Keulen waschen und trocken tupfen. Mit Pfeffer würzen. 6 EL Öl, Ketchup, Sojasoße und Curry verrühren. Die Keulen damit bestreichen und zugedeckt mind. 2 Stunden ziehen lassen.

2 **Schweinesteaks „Gyros-Art“:** Knoblauch schälen und in feine Scheiben schneiden. Mit Gyrossalz und 6 EL Öl verrühren. Zwiebeln schälen, halbieren und in feine Scheiben schneiden. Zwiebeln und Marinade mischen. 6–8 Steaks darin wenden und mind. 2 Stunden ziehen lassen.

3 **Provenzalische Schweinesteaks:** 6 EL Öl, Zitronensaft und Kräuter der Provence verrühren. 6–8 Steaks darin wenden. Ebenfalls zugedeckt ca. 2 Stunden marinieren.

4 Fleisch aus der Marinade nehmen und gut trocken tupfen. Hähnchenkeulen auf dem heißen Grill ca. 15 Minuten und Steaks 6–8 Minuten grillen, dabei öfter wenden und mit der jeweiligen Marinade bestreichen. Kurz vor Ende der Grillzeit die Hähnchenkeulen mit Salz würzen.

ZUBEREITUNGSZEIT ca. 40 Min.
MARINIERZEIT mind. 2 Std.
PORTION ca. 280 kcal
33 g E · 15 g F · 2 g KH

Putensteaks „caprese“

ZUTATEN FÜR 6 PERSONEN

- 6 EL Weißwein-Essig
- 1 EL Senf • Salz • Pfeffer
- 6 EL + etwas Olivenöl
- 2 Zwiebeln
- 2 Knoblauchzehen
- 150 g Oliven (ohne Stein)
- 1 Bund/Töpfchen Basilikum
- 150 g Rucola (Rauke)
- 1 Friséesalat
- 6 dünne Putenschnitzel (à ca. 120 g)
- 2 Tomaten
- 200 g Mozzarella
- Holzspießchen

1 Essig, Senf, Salz, Pfeffer und 6 EL Öl verschlagen. Zwiebeln und Knoblauch schälen, würfeln. Oliven hacken. Basilikum waschen. Die Hälfte fein schneiden. Marinade und vorbereitete Zutaten mischen.

2 Salate putzen, waschen und klein zupfen. Schnitzel waschen, flach klopfen und pfeffern. Tomaten waschen. Tomaten und Käse in je 6 Scheiben schneiden.

3 Jedes Schnitzel zur Hälfte mit Käse, Tomate und Basilikumblättchen belegen. Fleisch überklappen, feststecken. Mit Öl bestreichen und ca. 15 Minuten grillen. Salzen. Mit Salat und Marinade anrichten.

ZUBEREITUNGSZEIT ca. 45 Min.
PORTION ca. 380 kcal
38 g E · 23 g F · 3 g KH

Riesengarnelen mit Zitrone

ZUTATEN FÜR 16–20 STÜCK

- 16–20 (à ca. 40 g) rohe Riesengarnelen (mit Kopf und Schale)
- 3–4 EL Zitronensaft
- Salz • Pfeffer • evtl. Alufolie

1 Garnelen waschen, trocken tupfen. Mit Zitronensaft beträufeln und ca. 10 Minuten ziehen lassen.

2 Garnelen evtl. auf Alufolie auf dem heißen Grill 4–5 Minuten grillen, öfter wenden. Würzen.

ZUBEREITUNGSZEIT ca. 15 Min.
MARINIERZEIT ca. 10 Min.
STÜCK ca. 40 kcal
6 g E · 1 g F · 1 g KH

Thunfisch mit Kräutern

ZUTATEN FÜR 8–10 STÜCK

- 2 Knoblauchzehen
- 5 EL Zitronensaft
- Pfeffer
- 1–2 TL getrocknete italienische Kräuter
- 8–10 Thunfischsteaks (TK oder frisch; à ca. 150 g)
- 3 EL Olivenöl
- evtl. 1 Bio-Zitrone
- evtl. Alufolie

1 Knoblauch schälen und grob hacken. Mit Zitronensaft, Pfeffer und Kräutern verrühren.

2 Thunfisch evtl. auftauen, waschen und trocken tupfen. Die Würzmischung darauf verteilen, ca. 30 Minuten ziehen lassen.

3 Thunfisch mit Öl beträufeln. Entweder in Alufolie gewickelt oder direkt auf dem heißen Grill 8–10 Minuten grillen. Dabei einmal vorsichtig wenden. Mit Zitronenspalten anrichten.

ZUBEREITUNGSZEIT ca. 30 Min.
MARINIERZEIT ca. 30 Min.
PORTION ca. 330 kcal
28 g E · 23 g F · 0 g KH

Griechische Käsepäckchen

ZUTATEN FÜR 16 STÜCK

- 2 Packungen (à 250 g) Halloumi-Grill-Käse
- je 1 TL getrockneter Oregano und Rosmarin
- 6 EL Olivenöl
- grober Pfeffer
- 8 Spitzpaprikaschoten
- 16 Holzspießchen

1 Käse in insgesamt 16 Streifen schneiden. Kräuter, Öl und Pfeffer verrühren. Über den Käse träufeln.

2 Paprika putzen, waschen und längs halbieren. Käse darauf feststecken. Alles ca. 10 Minuten grillen.

ZUBEREITUNGSZEIT ca. 20 Min.
STÜCK ca. 140 kcal
7 g E · 12 g F · 1 g KH

Extra-Tipp

Halloumi ist ein aus Zypern stammender Käse, der aus Kuh-, Schafs- und Ziegenmilch hergestellt und üblicherweise mit Minze verfeinert wird. Er enthält mindestens 43 % Fett i.T. Je nach Herkunft ist der Käse salzig, mild, weich oder fest. Durch das Grillen entfaltet der Halloumi sein volles Aroma. Sie können ihn aber auch braten, wodurch sein Geschmack intensiviert wird. Roh eignet er sich prima zum Verfeinern von Salaten.

Provenzalische Grillsoße

ZUTATEN FÜR 2 FLASCHEN
À CA. 500 ML INHALT
FÜR 10 PERSONEN

- 200 g Lauchzwiebeln
- 3 rote Paprikaschoten (ca. 750 g)
- 2 Auberginen (à ca. 300 g)
- 2 Knoblauchzehen
- 3 Stiele Rosmarin
- 250 g brauner Zucker
- 200 ml Weißwein-Essig
- 250 ml trockener Weißwein
- 1 Dose (425 ml) passierte Tomaten
- Salz • Pfeffer

1 Lauchzwiebeln, Paprika und Auberginen putzen, waschen und in feine Ringe bzw. Würfel schneiden. Knoblauch schälen und fein würfeln. Rosmarin waschen und die Nadeln abstreifen.

2 Alles in einen Topf geben und mit Zucker, Essig, Wein und Tomatenpüree mischen. Unter Rühren aufkochen. Ca. 35 Minuten bei starker Hitze einkochen lassen, dabei öfter umrühren. Soße mit Salz und Pfeffer abschmecken.

3 Flaschen mit Twist-off-Deckel heiß ausspülen und abtropfen lassen. Die heiße Soße einfüllen und die Flaschen sofort verschließen. Ca. 5 Minuten auf die Deckel stellen. Umdrehen und auskühlen lassen. Schmeckt gut zu gegrilltem Fleisch und Meeresfrüchten.

ZUBEREITUNGSZEIT ca. 1 Std.
HÄLT SICH 1 Monat
PRO PORTION ca. 150 kcal
25 g E · 0 g F · 31 g KH

Kartoffel-Hack-Spieße

ZUTATEN FÜR 6 PERSONEN

- ca. 24 kleine Kartoffeln
- 200 g stichfeste saure Sahne
- 250 g Magerquark • 2 Knoblauchzehen
- 1 Bund Schnittlauch
- Salz • Pfeffer • 1 Scheibe Toastbrot
- 1 Zwiebel • 600 g gemischtes Hack
- 1 Ei • Edelsüß-Paprika
- 2 mittelgroße Zucchini
- ca. 24 Kirschtomaten (300 g)
- 150 g mittelgroße Champignons
- 12 Metallspieße • Alu-Grillschalen

1 Kartoffeln unter Wasser kräftig abbürsten und zugedeckt ca. 15 Minuten vorkochen. Abschrecken, evtl. schälen und abkühlen lassen.

2 Saure Sahne und Quark glatt verrühren. Knoblauch schälen, hacken und zugeben. Schnittlauch waschen, in Röllchen schneiden und, bis auf etwas zum Garnieren, unterrühren. Salzen, pfeffern und kalt stellen.

3 Toast einweichen. Zwiebel schälen und würfeln. Mit Hack, Ei, ausgedrücktem Toast, Salz, Pfeffer und Paprika verkneten. Daraus ca. 24 kleine Bällchen formen.

4 Zucchini putzen, waschen und in dicke Scheiben schneiden. Tomaten waschen. Pilze putzen, waschen. Hackbällchen, Kartoffeln, Zucchini und Tomaten auf die Spieße stecken. In Grillschalen legen.

5 Auf dem heißen Grill rundherum ca. 15 Minuten grillen. Pilze ca. 5 Minuten mitgrillen. Salzen und pfeffern. Mit Sour Cream anrichten, mit Schnittlauch bestreuen.

ZUBEREITUNGSZEIT ca. 50 Min.
PORTION ca. 680 kcal
47 g E · 37 g F · 34 g KH

Koteletts mit Zucchini

ZUTATEN FÜR 6 PERSONEN

- 1 große Zwiebel
- 6 Nackenkoteletts (à ca. 200 g)
- 12 EL Teriyaki-Marinade (Flasche; ersatzw. Sojasoße)
- 4 EL Öl
- 6 mittelgroße Kartoffeln
- 4 EL Pinienkerne
- 5 mittelgroße Zucchini
- Salz • Pfeffer
- 400 g Kräuterquark
- evtl. Rosmarin zum Garnieren
- Alufolie

1 Zwiebel schälen und in Scheiben schneiden. Fleisch, Marinade, Zwiebel und 2–3 EL Öl in einer Schüssel mischen. Im Kühlschrank zugedeckt ca. 1 Stunde marinieren.

2 Kartoffeln gut waschen. In Wasser ca. 15 Minuten vorgaren. Pinienkerne ohne Fett in einer Pfanne rösten, herausnehmen. Zucchini putzen, waschen und in Scheiben schneiden. Zucchini in 1 EL heißem Öl ca. 10 Minuten braten, würzen. Auskühlen lassen. Mit den Kernen bestreuen.

3 Kartoffeln abgießen, trocken tupfen und in Alufolie wickeln. Auf dem heißen Grill am Rand 15–20 Minuten grillen, dabei öfter wenden.

4 Fleisch trocken tupfen. Auf dem heißen Grill unter mehrmaligem Wenden ca. 15 Minuten grillen, mit Salz und Pfeffer würzen.

5 Kartoffeln in der Mitte einschneiden, aufbrechen und mit Quark füllen. Alles anrichten und mit Rosmarin garnieren.

ZUBEREITUNGSZEIT ca. 1 Std.
MARINIERZEIT ca. 1 Std.
PORTION ca. 710 kcal
50 g E · 47 g F · 17 g KH

Gemüse aus dem Garten

Vitamine in Top-Form

Tomaten mit Hackfüllung

ZUTATEN FÜR 2–3 PERSONEN

- 6 große Fleischtomaten
- 1 große Zucchini
- 1 mittelgroße Zwiebel
- je 4 Stiele Dill und Petersilie
- 250 g gemischtes Hack
- Salz • Pfeffer
- Fett für die Form
- 75 g Gouda (Stück)
- 1 TL Gemüsebrühe

1 Tomaten waschen, je einen Deckel abschneiden und die Tomaten aushöhlen. Deckel und Tomaten-Inneres fein würfeln. Zucchini putzen und waschen. ¾ in dünne Scheiben, Rest in feine Würfel schneiden. Zwiebel schälen, fein würfeln. Kräuter waschen und, bis auf ein paar, hacken.

2 Hack, Zwiebel, Zucchiniwürfel und gehackte Kräuter verkneten. Würzen und in die Tomaten füllen.

3 Zucchinischeiben und Tomatenwürfel in eine gefettete Auflaufform füllen, würzen. Tomaten daraufsetzen. Käse darüberreiben. ⅛ l Wasser aufkochen, Brühe einrühren und an die Tomaten gießen.

4 Im vorgeheizten Backofen (E-Herd: 200 °C/Umluft: 175 °C/ Gas: Stufe 3) 25–30 Minuten backen. Mit den übrigen Kräutern garnieren. Dazu schmeckt Reis.

ZUBEREITUNGSZEIT ca. 45 Min.
PORTION ca. 320 kcal
30 g E · 16 g F · 12 g KH

Gemüse-Döner mit Feta

ZUTATEN FÜR 4 PERSONEN

- 1 mittelgroße Zucchini
- 2 kleine Paprikaschoten (z. B. gelb und rot)
- 2–3 Möhren (ca. 300 g)
- 1 kleine Gemüsezwiebel
- 1 TL Öl
- 1 TL getrockneter Thymian
- Salz • Cayennepfeffer • Pfeffer
- 1–2 Knoblauchzehen
- ½ Bund Petersilie
- 500 g Vollmilch-Joghurt
- 150 g Fetakäse
- 2 kleine runde Fladenbrote (à ca. 200 g) oder 1 großes Fladenbrot

1 Gemüse putzen bzw. schälen, waschen und in Stifte schneiden bzw. hobeln. Zwiebel schälen und fein hobeln.

2 Öl in einer großen beschichteten Pfanne erhitzen. Gemüse, Zwiebel und Thymian darin unter Wenden 5–6 Minuten dünsten. Mit Salz und Cayennepfeffer abschmecken.

3 Inzwischen Knoblauch schälen, Petersilie waschen. Beides fein hacken. Mit Joghurt verrühren. Fetakäse zerbröckeln. Ca. ⅔ unter den Joghurt rühren. Mit Salz und Pfeffer abschmecken.

4 Fladenbrote halbieren bzw. vierteln und eine Tasche einschneiden. Gemüse hineinfüllen. Je etwas Joghurtsoße darübergeben. Mit Cayennepfeffer und übrigem Feta bestreuen. Rest Joghurtsoße dazureichen.

ZUBEREITUNGSZEIT ca. 30 Min.
PORTION ca. 400 kcal
21 g E · 10 g F · 53 g KH

Darfs mit Fleisch sein?

Wer lieber ein bisschen Fleisch dabei hat, nimmt 250 g Putenschnitzel oder Hähnchenfilet. Die Möhren dann weglassen. Fleisch schnetzeln, in Öl anbraten. Würzen, herausnehmen. Dann Gemüse im Bratfett braten, alles mischen.

Kartoffelpfännchen mit Schalotten

ZUTATEN FÜR 4 PERSONEN

- 1 kg festkochende Kartoffeln
- Fett für die Formen
- 250 g Sahne zum Kochen (15% Fett)
- Salz • Pfeffer
- 3 Tomaten
- 100 g Schalotten
- 400 g Blattspinat (frisch oder TK)
- 150 g Fetakäse
- 1–2 EL Öl
- 50 g Mandelkerne (ohne Haut)

1 Kartoffeln schälen, waschen und in feine Scheiben hobeln oder schneiden. Dachziegelartig in 4 kleine (20 cm Ø) oder 1 große gefettete Gratinform füllen. Sahne mit Salz und Pfeffer kräftig würzen, über die Kartoffeln gießen.

2 Im vorgeheizten Backofen (E-Herd: 200 °C/Umluft: 175 °C/ Gas: Stufe 3) zunächst ca. 30 Minuten backen.

3 Inzwischen Tomaten waschen und in Scheiben schneiden. Schalotten schälen und längs halbieren. Frischen Spinat verlesen, waschen und abtropfen lassen. Feta in dünne Scheiben schneiden.

4 Öl in einer Pfanne erhitzen. Schalotten darin ca. 5 Minuten anbraten. Spinat zufügen und zusammenfallen lassen (TK-Spinat darin mit etwas Wasser zugedeckt ca. 16 Minuten auftauen lassen). Würzen und abtropfen lassen.

5 Tomaten, Schalotten, Spinat, Mandeln und Feta auf der Kartoffelschicht verteilen. Ca. 15 Minuten weiterbacken.

ZUBEREITUNGSZEIT ca. 1 Std.
PORTION ca. 450 kcal
15 g E · 26 g F · 36 g KH

Thailändisches Kokos-Curry

ZUTATEN FÜR 4 PERSONEN

- 200 g Langkornreis
- Salz
- ½ Blumenkohl (ca. 300 g)
- 250 g Möhren
- 1 Zwiebel
- 2 Knoblauchzehen
- 1 EL Öl
- 1 Dose (400 ml) ungesüßte Kokosmilch
- 1 TL Gemüsebrühe
- 150 g TK-Prinzessbohnen
- Cayennepfeffer
- 2 EL gesalzene Erdnusskerne

1 Reis in gut 400 ml kochendes Salzwasser geben. Zugedeckt bei schwacher Hitze ca. 15 Minuten ausquellen lassen. Blumenkohl putzen, in kleine Röschen teilen und waschen. Möhren schälen, waschen und in Stücke schneiden. Zwiebel und Knoblauch schälen und fein würfeln.

2 Öl in einer Pfanne erhitzen, Zwiebel und Knoblauch darin andünsten. Kokosmilch, ¼ l Wasser und Brühe einrühren, aufkochen. Blumenkohl und Möhren zufügen und zugedeckt ca. 8 Minuten köcheln. Nach ca. 3 Minuten TK-Bohnen zugeben.

3 Reis unter das Gemüse-Curry rühren. Mit Cayennepfeffer und evtl. Salz abschmecken. Erdnüsse grob hacken und darüberstreuen.

ZUBEREITUNGSZEIT ca. 20 Min.
PORTION ca. 310 kcal
9 g E · 8 g F · 49 g KH

Was ist Kokosmilch?

Kokosmilch wird aus zermahlenem Kokosfleisch gepresst. Es gibt gesüßte und ungesüßte Kokosmilch. Letztere ist für pikante Speisen die richtige Wahl. Wer keine bekommt, nimmt stattdessen 200 ml Milch und 200 ml Schlagsahne und würzt das Gericht zusätzlich mit Curry.

Sommergemüse in Balsamico

ZUTATEN FÜR 6 PERSONEN

- 2 Bund Möhren
- 30 Schalotten oder kleine Zwiebeln
- 6 Paprikaschoten (z. B. rot, grün und gelb)
- 3–4 EL Öl
- 3–4 TL Brühe
- 3–4 EL Zucker
- ca. 10 EL Balsamico-Essig
- Salz • Pfeffer
- abgeriebene Schale von 1 Bio-Zitrone
- evtl. Minze zum Garnieren

1 Möhren putzen und dabei etwas Grün stehen lassen. Mit einer Gemüsebürste kräftig abbürsten und waschen. Zwiebeln schälen, evtl. halbieren. Paprika putzen, waschen, in Stücke schneiden.

2 Möhren im heißen Öl andünsten. ¼ l Wasser und Brühe zufügen und aufkochen. Möhren ca. 5 Minuten garen. Dann Zwiebeln und Paprika zufügen und alles weitere 5 Minuten garen. Herausnehmen.

3 Zucker in einer großen Pfanne goldgelb karamellisieren. Mit dem heißen Sud und Essig ablöschen und rühren, bis alles gelöst ist. Mit Salz und Pfeffer abschmecken. Gemüse darin wenden, erhitzen und kurz ziehen lassen. Alles anrichten, mit Zitronenschale bestreuen und evtl. mit Minze garnieren. Dazu passen Röstkartoffeln oder Brot.

ZUBEREITUNGSZEIT ca. 30 Min.
PORTION ca. 190 kcal
6 g E · 5 g F · 29 g KH

Grüner Spargel „alla parmigiana“

ZUTATEN FÜR 4 PERSONEN

- 1 kg grüner Spargel
- Salz
- Zucker
- 8–12 Scheiben Parmaschinken (ca. 120 g)
- 60–80 g Butter
- 40–50 g Parmesan (Stück)
- Pfeffer
- evtl. Basilikum und Zitrone zum Garnieren

1 Spargel waschen und die holzigen Enden abschneiden. Spargel in kochendem, leicht gesalzenem Wasser mit etwas Zucker zugedeckt 10–15 Minuten garen. Spargel abtropfen lassen. Je 4–5 Stangen mit ca. 2 Schinkenscheiben umwickeln.

2 Butter schmelzen. Spargelbündel nebeneinander in eine flache Auflaufform legen. Mit der Butter beträufeln. Parmesan fein reiben und darüberstreuen.

3 Spargelrollen im vorgeheizten Backofen (E-Herd: 225 °C/ Umluft: 200 °C/Gas: Stufe 4) 3–5 Minuten überbacken. Mit Pfeffer bestreuen, mit Basilikum und Zitrone garnieren.

ZUBEREITUNGSZEIT ca. 40 Min.
PORTION ca. 240 kcal
14 g E · 18 g F · 4 g KH

Extra-Tipp

Kaufen Sie Reibekäse wie Parmesan oder Grana Padano stets im Stück. Denn frisch gerieben schmeckt er viel aromatischer.

Überbackene Tomaten mit Spinat

ZUTATEN FÜR 4 PERSONEN

- 4 Fleischtomaten (à ca. 200 g)
- 500 g frischer Blattspinat oder 300 g TK-Blattspinat
- 1 Zwiebel • 3 EL Pinienkerne
- 1 EL Öl • Salz • Pfeffer
- Fett für die Form
- 100 g Greyerzer (Stück)
- 1 Beutel „Zubereitung für Sauce Hollandaise" (für 125 g Butter)
- 50 g Butter

1 Tomaten putzen und waschen. Je einen flachen Deckel abschneiden und würfeln. Tomaten mit einem Teelöffel aushöhlen.

2 Spinat putzen und gründlich waschen. Zwiebel schälen und fein würfeln. Pinienkerne in einer Pfanne ohne Fett rösten, herausnehmen.

3 Zwiebel im heißen Öl andünsten. Spinat tropfnass zufügen und zusammenfallen lassen, würzen. (TK-Spinat darin mit etwas Wasser ca. 15 Minuten auftauen). Tomatenwürfel zufügen und kurz mitdünsten. Kerne untermischen.

4 Tomaten in eine gefettete Auflaufform setzen. Mit Spinat füllen. Käse fein reiben. ⅛ l Wasser erhitzen. Soßenpulver einrühren, aufkochen. Butter und Hälfte Käse unterrühren. Die Soße über die Tomaten gießen. Mit Rest Käse bestreuen.

5 Tomaten im vorgeheizten Ofen (E-Herd: 200 °C/Umluft: 175 °C/ Gas: Stufe 3) ca. 25 Minuten backen.

ZUBEREITUNGSZEIT ca. 1¼ Std.
PORTION ca. 340 kcal
16 g E · 25 g F · 11 g KH

Spaghetti alla siciliana

ZUTATEN FÜR 6 PERSONEN

- 2 Paprikaschoten • 500 g Auberginen
- Salz • Pfeffer • 2 Zwiebeln
- 1 Dose (850 ml) Tomaten
- je 75 g schwarze und grüne Oliven (ohne Stein) • 1 Töpfchen Basilikum
- ca. 8 Sardellenfilets (Glas)
- 6 EL Olivenöl • 50 g Kapern (Glas)
- 700 g Spaghetti • 100 g Pecorino

1 Paprika putzen, waschen und vierteln. Auf Alufolie im heißen Ofen (E-Herd: 250 °C/Umluft: 225 °C/Gas: Stufe 5) 15–20 Minuten rösten, bis die Haut dunkle Blasen wirft. Mit feuchtem Küchenpapier zudecken.

2 Auberginen putzen, waschen, würfeln und mit ca. ½ TL Salz bestreuen. Zwiebeln und Knoblauch schälen, hacken. Tomaten abtropfen lassen, Saft auffangen. Tomaten und Oliven würfeln. Basilikum waschen und, bis auf etwas, fein schneiden. Sardellen hacken. Paprika häuten und in Streifen schneiden.

3 Zwiebeln und Knoblauch im heißen Öl andünsten. Auberginen abtupfen. Auberginen und Tomaten ca. 10 Minuten mitdünsten. Paprika, Oliven, Sardellen, Kapern, Basilikum und Tomatensaft zufügen. Mit Pfeffer würzen. Aufkochen und zugedeckt ca. 20 Minuten schmoren.

4 Spaghetti in kochendem Salzwasser ca. 10 Minuten garen. Soße abschmecken. Spaghetti abgießen, mit der Soße mischen. Käse darüberreiben. Mit Basilikum garnieren.

ZUBEREITUNGSZEIT ca. 1 Std.
PORTION ca. 610 kcal
24 g E · 22 g F · 76 g KH

Sommerparty-Hits

Die sorgen für gute Laune

Schweinerücken alla fiorentina

ZUTATEN FÜR 6 PERSONEN

- 2–3 Zweige Rosmarin
- 6–8 Stiele Thymian
- ½ Bund glatte Petersilie
- 2 mittelgroße Zwiebeln
- 1,5 kg Schweinekotelett (im Stück; mit Knochen, ohne Schwarte)
- Salz • Pfeffer
- 1–1,2 kg reife Tomaten
- 3–4 Knoblauchzehen
- 1 Lorbeerblatt
- 1 TL Fenchelsamen
- abgeriebene Schale und Saft von ½ Bio-Zitrone
- ca. 5 EL Olivenöl

1 Kräuter waschen, trocken schütteln. Zwiebeln schälen, halbieren. Fleisch waschen und trocken tupfen. Mit Salz und Pfeffer einreiben.

2 Fleisch und Zwiebeln auf die Fettpfanne setzen. Ca. 150 ml Wasser angießen. 1 Rosmarinzweig und 2–3 Thymianstiele zugeben. Im vorgeheizten Ofen (E-Herd: 200 °C/ Umluft: 175 °C/ Gas: Stufe 3) ca. 2 Stunden braten. Dabei nach und nach knapp ⅜ l heißes Wasser angießen. Fleisch mehrmals mit dem Bratenfond beschöpfen.

3 Tomaten waschen. Nach Belieben ganz lassen oder halbieren. Knoblauch schälen und fein hacken. Rest Thymian abzupfen. Petersilie, Rest Rosmarin und Lorbeer grob hacken. Knoblauch, Kräuter, Fenchel, Zitronenschale und -saft mischen, Öl unterrühren. Mit Pfeffer würzen.

4 Tomaten ca. 30 Minuten vor Ende der Bratzeit um das Fleisch, die Kräutermischung auf dem Fleisch verteilen.

5 Braten vorm Aufschneiden ca. 10 Minuten ruhen lassen. Vom Knochen lösen und in Scheiben schneiden. Mit Tomaten und Schmorfond anrichten. Dazu schmecken Ciabatta oder Röstkartoffeln.

ZUBEREITUNGSZEIT ca. 2 ¼ Std.
PORTION ca. 380 kcal
45 g E · 19 g F · 5 g KH

Hirtensalat mit Feta & Mandeln

ZUTATEN FÜR 6–8 PERSONEN

- 1 kg Porree (Lauch)
- Salz
- 75 g Mandelkerne mit Haut
- 4 rote Paprikaschoten
- 300 g Fetakäse
- 1½ Bund Petersilie
- ½ Bund/Töpfchen frischer oder 1–2 TL getrockneter Thymian
- 8 EL Weißwein-Essig
- 3 EL Zitronensaft
- Pfeffer • Zucker
- 5–6 EL Öl (z. B. Olivenöl)
- 100 g schwarze Oliven

1 Porree putzen, waschen und in feine Ringe schneiden. In kochendem Salzwasser 2–3 Minuten blanchieren. Abschrecken und gut abtropfen lassen. Mandeln grob hacken und ohne Fett rösten.

2 Paprika putzen, waschen und würfeln. Käse würfeln. Kräuter waschen und hacken. Essig, Zitronensaft, Salz, Pfeffer und Zucker verrühren. Öl darunterschlagen. Kräuter unterrühren. Mit vorbereiteten Salatzutaten und Oliven mischen. Etwas ziehen lassen. Dazu schmeckt Fladenbrot.
Getränk: kühles Bier.

ZUBEREITUNGSZEIT ca. 45 Min.
PORTION ca. 260 kcal
11 g E · 20 g F · 7 g KH

Mozzarella auf Basilikum-Tomaten

ZUTATEN FÜR 8–10 PERSONEN

- 80 g Pinienkerne
- 500 g Kirschtomaten
- 3–4 EL Olivenöl
- Salz • Pfeffer
- 1 großes Bund/Töpfchen Basilikum
- 5 Büffel-Mozzarella (à 125 g; ersatzw. Kuhmilch-Mozzarella)

1 Pinienkerne in einer großen Pfanne goldbraun rösten, herausnehmen. Tomaten waschen und trocken tupfen. Öl in der Pfanne erhitzen, Tomaten darin bei schwacher Hitze 8–10 Minuten schmoren. Mit Salz und Pfeffer würzen.

2 Basilikum waschen und die Blättchen abzupfen. Hälfte in grobe Streifen schneiden und unter die Tomaten mischen. Abkühlen lassen. Mozzarella mit Pinienkernen und übrigem Basilikum darauf anrichten.

ZUBEREITUNGSZEIT ca. 25 Min.
PORTION ca. 270 kcal
12 g E · 22 g F · 3 g KH

Extra-Tipp

Richten Sie die Mozzarellakugeln zusammen mit den Tomaten auf einer großen Platte an. Sie können den Käse auch in Scheiben schneiden.

Tortellini-Salat mit Bacon-Chips

ZUTATEN FÜR 6–8 PERSONEN

- 500 g getrocknete Tortellini
- Salz • Pfeffer • Zucker
- 7–8 EL weißer Balsamico- oder Weißwein-Essig
- 5–7 EL Öl
- 50–75 g dünne Scheiben Frühstücksspeck (Bacon)
- 1 Bund Lauchzwiebeln
- 250 g Champignons
- 400 g Kirsch- oder kleine Tomaten
- 1 EL Zitronensaft
- 250–300 g Mozzarella
- ½ Bund/Töpfchen Basilikum
- 150 g Frischkäse mit Kräutern der Provence
- 4–6 EL Milch

1 Tortellini in reichlich kochendem Salzwasser 12–15 Minuten (s. auch Packungsanweisung) garen. Essig, Salz, Pfeffer und 1 Prise Zucker verrühren. Öl kräftig darunterschlagen. Tortellini abtropfen lassen und noch heiß mit der Marinade mischen. Mind. 30 Minuten ziehen lassen.

2 Speck in einer Pfanne ohne zusätzliches Fett knusprig braten. Abtropfen und abkühlen lassen.

3 Lauchzwiebeln und Pilze putzen, waschen. Tomaten waschen und halbieren oder vierteln. Lauchzwiebeln in Ringe und Pilze in Scheiben schneiden. Pilze mit Zitronensaft beträufeln. Mozzarella würfeln. Basilikum waschen und, bis auf etwas, fein schneiden. Vorbereitete Salatzutaten, bis auf den Speck, und Nudeln mischen. Abschmecken.

4 Frischkäse und Milch glatt rühren und über den Salat verteilen. Speck in Stücke brechen und darüberstreuen. Mit übrigem Basilikum garnieren.

Getränk: kühles Mineralwasser oder leichter Rotwein.

ZUBEREITUNGSZEIT ca. 40 Min.
MARINIERZEIT mind. 30 Min.
PORTION ca. 500 kcal
20 g E · 27 g F · 41 g KH

Fleisch-Gemüse-Spieße XXL

ZUTATEN FÜR CA. 15 SPIESSE

- 500 g Hähnchenfilet
- 1 kg ausgelöster Schweinenacken
- 100 g Frühstücksspeck in dünnen Scheiben (Bacon)
- 3 Currywürste (à ca. 120 g)
- 400 g Mett
- 3 große Paprikaschoten
- 300 g Champignons
- 300 g kleine Zwiebeln
- evtl. einige frische Lorbeerblätter
- 8–10 EL Öl
- 1 TL getrockneter Oregano
- Salz • Pfeffer • Rosenpaprika
- 15 große Spieße (z. B. Wokspieße; ca. 45 cm lang)

1 Holzspieße evtl. 30 Minuten wässern. Fleisch waschen, trocken tupfen und in mundgerechte Stücke schneiden. Speck längs halbieren und Hähnchenwürfel damit umwickeln. Rest Speck locker aufrollen. Wurst in 4–5 cm lange Stücke schneiden. Mett zu Bällchen formen.

2 Paprika putzen, waschen. In Stücke schneiden. Pilze putzen und waschen. Zwiebeln schälen, halbieren. Die vorbereiteten Zutaten und Lorbeer abwechselnd auf die Spieße stecken.

3 Öl, Oregano, Salz, Pfeffer und Rosenpaprika verrühren. Die Spieße damit einstreichen. Im vorgeheizten Backofen (E-Herd: 200 °C/Umluft: 175 °C/Gas: Stufe 3) ca. 30 Minuten oder auf dem Grill ca. 20 Minuten braten.

ZUBEREITUNGSZEIT ca. 1 ¾ Std.
SPIESS ca. 400 kcal
30 g E · 27 g F · 6 g KH

Tomaten- & Oliven-Ciabatta

ZUTATEN FÜR 4 BROTE
(À CA. 8 SCHEIBEN)

- 1 Würfel (42 g) frische Hefe
- 1 Packung (1 kg) Brotbackmischung „Ciabatta“
- 4 EL Pinienkerne
- 100 g getrocknete Tomaten in Öl (Glas)
- 125 g schwarze Oliven ohne Stein
- etwas Mehl
- Backpapier

1 Hefe in ¾ l lauwarmem Wasser auflösen. Backmischung zufügen und alles mit den Knethaken des Handrührgerätes erst auf niedrigster, dann auf höchster Stufe verkneten. Zugedeckt ca. 30 Minuten gehen lassen.

2 Backblech (ca. 35 x 40 cm) mit Backpapier auslegen. Kerne rösten, herausnehmen. Tomaten abtropfen lassen und würfeln. Oliven in Scheiben schneiden.

3 Teig halbieren. Unter eine Hälfte Oliven, unter die andere Tomaten und Kerne kneten. Teige halbieren, jeweils auf wenig Mehl zu je 2 runden Laiben formen. Auf dem Blech ca. 30 Minuten gehen lassen. Mit etwas Mehl bestäuben. Im vor-geheizten Backofen (E-Herd: 200 °C/ Umluft: 175 °C/Gas: Stufe 3) 30–35 Minuten backen. Dazu schmecken Kräuterquark und Thunfisch-Dip (s. Tipp).

ZUBEREITUNGSZEIT ca. 30 Min.
GEHZEIT ca. 1 Std.
BACKZEIT 30–35 Min.
SCHEIBE ca. 90 kcal
3 g E · 2 g F · 15 g KH

Dazu zwei leckere Dips

Kräuterquark:
400 g Sahnejoghurt, 40 g geriebenen Parmesan, 2 EL gehacktes Basilikum und ½ TL getr. Thymian verrühren, mit Salz und Pfeffer würzen.

Thunfisch-Dip:
1 Dose (200 g) Thunfisch mit 1 gehackten Zwiebel, 250 g Pizza-Tomaten (Dose) und abgeriebener Schale von 1 Bio-Zitrone mischen. Abschmecken.

Caesar-Salad-Wraps

ZUTATEN FÜR 16 STÜCK

- 600 g Hähnchenfilet
- 2–3 EL Öl • Salz • Pfeffer
- 1 Bund Schnittlauch
- 2–3 Knoblauchzehen
- 200 g Salat-Mayonnaise
- 250 g Vollmilch-Joghurt
- abger. Schale von ½ Bio-Zitrone
- 3 Scheiben Toastbrot • 1 EL Butter
- 50 g Parmesan (Stück)
- 1 kleiner Römersalat (ca. 200 g)
- 1 Packung (320 g; 8 Stück) „Wrap Tortillas" (Weizenfladen)
- Pergamentpapier • Küchengarn

1 Filets waschen und trocken tupfen. Im heißen Öl von jeder Seite 5–6 Minuten braten. Würzen und auskühlen lassen.

2 Schnittlauch waschen und fein schneiden. Knoblauch schälen und durchpressen. Beides mit Mayonnaise, Joghurt und Zitronenschale verrühren. Abschmecken.

3 Toast würfeln. In heißer Butter rösten. Parmesan hobeln. Salat putzen, waschen, in Streifen schneiden. Filets in Streifen schneiden. Alles mit Käse und Soße mischen.

4 Wraps je mit etwas Salatmischung belegen, dabei rundum einen Rand frei lassen. Aufrollen und schräg halbieren. Mit Papier und Küchengarn umwickeln.

ZUBEREITUNGSZEIT ca. 30 Min.
STÜCK ca. 260 kcal
13 g E · 13 g F · 21 g KH

Tortellini-Salat mit Spießchen

ZUTATEN FÜR 6–8 PERSONEN

- 500 g getrocknete Tortellini
- Salz • Pfeffer • Zucker
- 150 g TK-Erbsen
- 3 Paprikaschoten
- 1 Bund Lauchzwiebeln
- 500 g Vollmilch-Joghurt
- 5–6 EL Salat-Mayonnaise
- 1–2 TL Zitronensaft
- 4 dicke Schweineschnitzel (ca. 600 g)
- 2–3 Eier
- 6–8 EL Paniermehl
- 3–4 EL Öl
- Holzspieße

1 Tortellini in reichlich kochendem Salzwasser 13–15 Minuten garen. Erbsen ca. 3 Minuten mitgaren. Alles abtropfen und auskühlen lassen.

2 Paprika und Lauchzwiebeln putzen, waschen. Paprika würfeln, Lauchzwiebeln fein schneiden. Joghurt und Mayonnaise verrühren. Mit Salz, Pfeffer, 1 Prise Zucker und Zitronensaft abschmecken. Vorbereitete Salatzutaten mischen. Mind. 30 Minuten ziehen lassen.

3 Fleisch trocken tupfen und in 12–16 dicke Streifen schneiden. Auf Spießchen stecken. Eier, Salz und Pfeffer verquirlen. Spießchen erst im Ei, dann im Paniermehl wenden. Im heißen Öl rundherum 5–6 Minuten braten. Evtl. auskühlen lassen. Tortellini-Salat nochmals abschmecken.

ZUBEREITUNGSZEIT ca. 30 Min.
AUSKÜHL-/MARINIERZEIT ca. 1 Std.
PORTION ca. 600 kcal
32 g E · 25 g F · 57 g KH

Zitronen-Mousse mit Obstsalat

ZUTATEN FÜR 6 PERSONEN

- 3 Blatt weiße Gelatine
- 2 frische Eier (Gr. M)
- 2 Zitronen • 3 gehäufte EL Zucker
- 200 ml Buttermilch
- 100 g Schlagsahne
- 1 kleine Wassermelone
- 2 reife Pfirsiche • 125 g Brombeeren
- evtl. 4 EL Orangenlikör
- 3–4 EL flüssiger Honig

1 Gelatine in kaltem Wasser einweichen. Eier trennen. Zitronen auspressen. Eigelb, Zucker und Hälfte Zitronensaft mit den Schneebesen des Handrührgerätes ca. 5 Minuten hellcremig aufschlagen. Buttermilch unterrühren.

2 Gelatine ausdrücken, bei milder Hitze auflösen. 2 EL Creme einrühren. Dann in Rest Creme rühren. Ca. 20 Minuten kalt stellen, bis sie zu gelieren beginnt.

3 Eiweiß und Sahne getrennt steif schlagen. Beides unter die Creme heben. Mind. 4 Stunden kühlen.

4 Melone halbieren. Fruchtfleisch mit einem Kugelausstecher herauslösen. Oder Melone in Spalten schneiden, Fruchtfleisch würfeln. Pfirsiche waschen, entsteinen und in Stücke schneiden. Brombeeren verlesen und waschen.

5 Rest Zitronensaft, Likör und Honig verrühren. Mit den Früchten mischen. Zitronen-Mousse und Obstsalat in Gläsern anrichten.

ZUBEREITUNGSZEIT ca. 1 Std.
KÜHLZEIT mind. 4 ½ Std.
PORTION ca. 200 kcal
5 g E · 8 g F · 25 g KH

Orangen-Bowle „Tequila Sunrise“

ZUTATEN FÜR CA. 15 GLÄSER

- 4 mittelgroße Orangen
- ca. 200 ml gekühlter Ananassaft
- 1 ½ l gekühlter Orangensaft
- ¼ l weißer Tequila
- 2 Flaschen (à 0,75 l) gekühlter trockener Sekt
- ca. 15 TL Grenadinesirup

1 Orangen dick schälen, sodass die weiße Haut mit entfernt wird. Die Filets zwischen den Trennhäuten herausschneiden. Trennhäute ausdrücken und den Saft auffangen. Ananassaft, gesamten Orangensaft und Tequila in ein Bowlengefäß gießen. Kurz vorm Servieren mit Sekt auffüllen.

2 Orangenfilets in hohe Gläser geben. Mit Bowle auffüllen. Grenadine am Rand hineinlaufen lassen.

ZUBEREITUNGSZEIT ca. 20 Min
GLAS ca. 230 kcal
1 g E · 1 g F · 116 g KH

Coole Früchtchen

Lecker und dekorativ: einfach Früchte der Saison in Eiswürfeln mit einfrieren! Kirschen z. B. mit den Stielen, das sieht noch besser aus. Auch super: alle Beerenfrüchte wie Himbeeren oder kleine Johannisbeer-Rispen. Die Deluxe-Eiswürfel schmecken in fruchtigen Cocktails, Bowlen, aber auch in alkoholfreien Drinks.

Fruchtige Desserts

Hier geben freche Früchtchen den Ton an

Beeren-Buttermilch-Kaltschale

ZUTATEN FÜR 4 PERSONEN

- 1 l gut gekühlte Buttermilch
- 2 Päckchen Vanillin-Zucker
- Saft von 2 Zitronen
- 4–5 EL Zucker
- 500–600 g gemischte Beeren (z. B. Himbeeren, Brombeeren, Johannisbeeren und Erdbeeren)
- 2 Scheiben (à ca. 50 g) Schwarzbrot
- evtl. Zitronenmelisse zum Verzieren

1 Buttermilch, Vanillin-Zucker, Zitronensaft und 3–4 EL Zucker verrühren, bis sich der Zucker gelöst hat.

2 Him- und Brombeeren verlesen, waschen. Johannisbeeren waschen und mit einer Gabel von den Rispen streifen. Erdbeeren waschen, putzen und halbieren. Schwarzbrot zerbröseln und mit 1 EL Zucker mischen.

3 Buttermilch in 4 tiefe Teller füllen. Beeren hineingeben und mit Brotbröseln bestreuen. Mit Melisse verzieren und sofort servieren.

ZUBEREITUNGSZEIT ca. 20 Min.
PORTION ca. 250 kcal
12 g E · 2 g F · 44 g KH

Blitz-Eis

Buttermilch, Vanillin-Zucker und Zucker wie oben angegeben mit 500 g TK-Beeren pürieren. Schwarzbrot-Brösel unterheben. Fertig ist ein schnelles und superfruchtiges Beeren-Eis.

Honigmelonen-Gratiné

ZUTATEN FÜR 4 PERSONEN

- 50 g Puderzucker
- 2 EL Honig
- je 1 Netz- und Charentais-Melone (à ca. 800 g) oder 2 Honigmelonen
- 2–3 Bio-Limetten oder 1 Bio-Zitrone
- evtl. 3 EL Weinbrand
- evtl. Minze zum Verzieren

1 Puderzucker, Honig und ¼ l Wasser verrühren und aufkochen. Ca. 5 Minuten köcheln, dann den Sirup abkühlen lassen.

2 Beide Melonen zickzackförmig oder glatt halbieren. Kerne herauslösen. Fruchtfleisch der Netzmelone, bis auf einen schmalen Rand, aus den Hälften lösen und pürieren.

3 Limetten heiß waschen und trockenreiben. Die Schale abreiben. Limetten halbieren und den Saft auspressen. Sirup, Melonenpüree, Limettenschale und -saft gut verrühren. Mind. 5 Stunden gefrieren lassen. Dabei von Zeit zu Zeit kräftig durchrühren.

4 Inzwischen aus der Charentais-Melone Kugeln ausstechen oder das Fruchtfleisch würfeln. Mit dem Weinbrand marinieren.

5 Von dem Sorbet mit einem Löffel Nocken abstechen. Mit Melonenkugeln in den Melonenhälften anrichten. Alles evtl. auf Eis servieren. Mit Minze verzieren.

ZUBEREITUNGSZEIT ca. 30 Min.
WARTEZEIT mind. 5 Std.
PORTION ca. 170 kcal
2 g E · 0 g F · 34 g KH

Quark-Terrine mit marinierten Früchten

ZUTATEN FÜR 8-10 PERSONEN

- 8 Blatt weiße Gelatine
- 1 Bio-Zitrone
- 500 g Sahnequark
- 50 g + 1 EL Zucker
- 1 Päckchen Bourbon-Vanillezucker
- 250 g Schlagsahne
- ca. 1 kg Wassermelone
- 1 kleine Honigmelone
- 1 Dose (425 ml) Aprikosen
- 3 Kiwis
- 125 g Himbeeren
- 5–8 EL Orangenlikör oder -saft

1 Gelatine kalt einweichen. Zitrone heiß waschen. Schale fein abreiben und Saft auspressen. Quark, 50 g Zucker, Vanillezucker, Zitronenschale und -saft verrühren. Gelatine ausdrücken und bei schwacher Hitze auflösen. 3 EL Quark einrühren, dann unter den übrigen Quark rühren. Ca. 10 Minuten kalt stellen, bis die Masse zu gelieren beginnt.

2 Sahne und 1 EL Zucker steif schlagen und unter die Quarkmasse heben. In eine Pasteten- oder Kastenform (ca. 1 l Inhalt) streichen. Mind. 6 Stunden, am besten über Nacht, kalt stellen.

3 Die Form kurz in heißes Wasser tauchen, Terrine auf eine Platte stürzen und wieder kalt stellen. Melonen entkernen, Fruchtfleisch würfeln. Aprikosen abtropfen. Kiwis schälen, in Spalten schneiden. Beeren verlesen. Früchte mit Likör beträufeln. Alles anrichten.

ZUBEREITUNGSZEIT ca. 50 Min.
WARTEZEIT mind. 6 Std.
PORTION ca. 330 kcal
11 g E · 18 g F · 28 g KH

Melonen & Feigen mit Honig-Joghurt

ZUTATEN FÜR 6 PERSONEN

- 4 EL Zucker
- 100 g Walnusskerne
- etwas Öl
- 1 Charentais-Melone (ca. 1 kg)
- 6 frische Feigen
- 450 g Vollmilch-Joghurt
- 6 TL flüssiger Honig
- evtl. Minze zum Garnieren
- Alufolie

1 Zucker in einer Pfanne goldbraun schmelzen. Walnüsse darin wenden und auf geölter Alufolie ausbreiten. Melone vierteln und entkernen. Fruchtfleisch von der Schale und in Stücke schneiden. Feigen waschen und vierteln.

2 Früchte portionsweise anrichten. Joghurt glatt rühren. Mit je 1 TL Honig auf den Früchten verteilen. Krokant von der Folie lösen, evtl. hacken und darüberstreuen. Mit Minze garnieren.

ZUBEREITUNGSZEIT ca. 25 Min.
PORTION ca. 330 kcal
7 g E · 14 g F · 42 g KH

Erdbeer-Mascarpone-Muffins

ZUTATEN FÜR CA. 12 STÜCK

- 175 g weiche Butter/Margarine
- 125 g Zucker • Salz
- 1 Fläschen Butter-Vanillearoma
- 3 Eier (Gr. M)
- 250 g Mehl
- 40 g gemahlene Mandeln
- 1 gehäufter TL Backpulver
- 3–4 EL Milch
- 150 g Mascarpone
- 100 g Magerquark
- 2 Päckchen Vanillin-Zucker
- 2 EL Zitronensaft
- 250 g Erdbeeren
- 12 Papier-Backförmchen (5 cm Ø)

1 Fett, Zucker, 1 Prise Salz und Butter-Vanillearoma mit den Schneebesen des Handrührgerätes cremig rühren. Eier einzeln unterrühren. Mehl, Mandeln und Backpulver mischen, im Wechsel mit der Milch kurz unterrühren.

2 Muffinform mit Papier-Backförmchen auslegen, Teig darin verteilen. Im vorgeheizten Backofen (E-Herd: 200 °C/Umluft: 175 °C/ Gas: Stufe 3) 20–25 Minuten backen. Auskühlen lassen.

3 Mascarpone, Quark, Vanillin-Zucker und Zitronensaft verrühren. Creme kurz vor dem Servieren auf den Muffins verteilen. Erdbeeren waschen, putzen, halbieren und auf die Creme setzen.

ZUBEREITUNGSZEIT ca. 20 Min.
BACKZEIT ca. 20–25 Min.
AUSKÜHLZEIT ca. 1 Std.
STÜCK ca. 340 kcal
7 g E · 21 g F · 29 g KH

Eis-Cappuccino

ZUTATEN FÜR 8–10 PERSONEN

- 250 g Erdbeeren (frisch oder TK)
- 250 g Schlagsahne
- 8–10 Tassen eisgekühlter starker Kaffee
- 5 EL Amaretto-Likör
- 50 g Zucker
- 400–500 ml Vanille-Eiscreme
- 2–3 EL Amarettini (Mandelkekse)
- Kakao zum Bestäuben

1 Erdbeeren evtl. auftauen lassen. Frische waschen und halbieren. Sahne steif schlagen. Kaffee, Amaretto und Zucker verrühren. In hohe Gläser gießen.

2 Eis als Kugeln oder Würfel in den Kaffee geben. Sahne daraufgeben. Amarettini zerbröckeln, darüberstreuen. Mit Kakao und Beeren verzieren.

ZUBEREITUNGSZEIT ca. 15 Min.
PORTION ca. 170 kcal
2 g E · 10 g F · 15 g KH

Kirschsuppe mit Schneeklößchen

ZUTATEN FÜR 4 PERSONEN

- 1 Glas (720 ml) Kirschen
- 1 Päckchen Vanillin-Zucker
- 1–2 EL Speisestärke
- 3–4 EL Zucker
- 2 frische Eiweiß
- einige Tropfen Zitronensaft
- 1 EL gehackte Pistazien

1 Kirschen abtropfen lassen, Saft dabei auffangen. Evtl. Saft mit Wasser auf ½ l auffüllen. Mit Vanillin-Zucker aufkochen. Stärke und etwas Wasser glatt verrühren. In die Suppe rühren und ca. 1 Minute köcheln. Mit 1–2 EL Zucker abschmecken. Auskühlen lassen.

2 Wasser im weiten Topf aufkochen. Eiweiß und Zitronensaft steif schlagen, dabei 2 EL Zucker einrieseln. Daraus mit 2 Teelöffeln Klößchen formen. Aufs nur leicht siedende Wasser setzen. Zugedeckt 4–5 Minuten gar ziehen lassen. Auf die Suppe setzen. Mit Pistazien bestreuen.

ZUBEREITUNGSZEIT ca. 30 Min.
PORTION ca. 240 kcal
4 g E · 2 g F · 49 g KH

Himbeer-Blätterteig-Schnitten

ZUTATEN FÜR 6–7 STÜCKE

- 1 Rolle (270 g) Blätterteig (ca. 24 x 42 cm; Kühlregal)
- 400 g frische oder TK-Himbeeren
- 250 g Schmand
- 1–2 TL Zucker
- 1 Päckchen Vanillin-Zucker
- Puderzucker zum Bestäuben

1 Blätterteig aus dem Kühlschrank nehmen, ca. 10 Minuten ruhen lassen. Dann samt Backpapier auf einem Backblech (ca. 35 x 40 cm) entrollen. Beide Längskanten erst ca. 1 cm zur Mitte überklappen, dann nochmals ca. 4 cm. Teigkanten mit einer Schere im Abstand von ca. 2 cm leicht einschneiden. Den Teigboden mit einer Gabel mehrmals einstechen.

2 Im vorgeheizten Ofen (E-Herd: 225 °C/Umluft: 200 °C/Gas: Stufe 4) 10–15 Minuten backen. Auf dem Backblech auskühlen lassen.

3 Beeren verlesen, evtl. waschen. Schmand, Zucker und Vanillin-Zucker dickcremig aufschlagen.

4 Den Teigstreifen in 6–7 Stücke schneiden. Schmand und Beeren darauf verteilen. Mit Puderzucker bestäuben.

ZUBEREITUNGSZEIT ca. 20 Min.
RUHE-/AUSKÜHLZEIT ca. 25 Min.
BACKZEIT 10–15 Min.
STÜCK ca. 220 kcal
3 g E · 15 g F · 16 g KH

Rezept-Register

B

Beeren-Buttermilch-Kaltschale 66

C

Caesar Salad mit Joghurt-Dressing 14
Caesar-Salad-Wraps 60
Chinasuppe mit Mie-Nudeln 18
Croques mit Putenschnitzel 23

E

Eis-Cappuccino 71
Erdbeer-Mascarpone-Muffins 70

F

Fischfilet mit Chili-Curry-Paste 32
Fladenbrote, knusprige Mini- 27
Fleisch-Gemüse-Spieße XXL 58
Frische Gemüsesuppe 17

G

Gemüse-Döner mit Feta 45
Gemüsesuppe, frische 17
Griechische Käsepäckchen 38
Griechischer Gyros-Schichtsalat 13
Grillplatte & Dips 34
Grüner Spargel „alla parmigiana“ 49
Gyros-Schichtsalat, griechischer 13

H

Hähnchenkeulen & Marinierte Steaks 35
Herzhafter Lauchzwiebel-Kuchen 25
Himbeer-Blätterteig-Schnitten 73
Hirtensalat mit Feta & Mandeln 55
Honigmelonen-Gratiné 67

K

Kalte Tomatensuppe 26
Kartoffel-Hack-Spieße 40
Kartoffelpfännchen mit Schalotten 46
Kirschsuppe mit Schneeklößchen 72
Knusprige Mini-Fladenbrote 27
Kokos-Curry, thailändisches 47
Koteletts mit Zucchini 41

L

Lauchzwiebel-Kuchen, herzhafter 25
Leberkäs-Burger mit Kraut 22

M

Marinierte Steaks & Hähnchenkeulen 35
Melonen & Feigen mit Honig-Joghurt 69
Mini-Fladenbrote, knusprige 27
Mozzarella auf Basilikum-Tomaten 56
Mozzarella-Tortiglioni-Salat 11

O

Orangen-Bowle „Tequila Sunrise“ 63

P

Paprika-Käse-Hacksteaks 33
Picknick-Schichtsalat 28
Provenzalische Grillsoße 39
Putensteaks „caprese“ 36

Q

Quark-Terrine mit marinierten Früchten 68

R

Riesengarnelen mit Zitrone 37
Rucola-Tomaten-Platte mit Balsamico-Dressing 15

S

Salatmix mit Croûtons & Joghurt 10
Schichtsalat, Picknick- 28
Schweinerücken alla fiorentina 54
Scones, feine 29
Sommergemüse in Balsamico 48
Sommersalat mit Geflügelleber 12
Spaghetti alla siciliana 51
Spargel, grüner, „alla parmigiana“ 49
Speckbrot mit Kräuterquark 24
Steaks, marinierte & Hähnchenkeulen... 35
Thailändisches Kokos-Curry 47

T

Thunfisch mit Kräutern 37
Tomaten- & Oliven-Ciabatta 59
Tomaten mit Hackfüllung 44
Tomaten, überbackene, mit Spinat 50
Tomatensuppe mit Parmesan 16
Tomatensuppe, kalte 26
Tortellini-Salat mit Bacon-Chips 57
Tortellini-Salat mit Spießchen 61

Ü

Überbackene Tomaten mit Spinat 50

Z

Zitronen-Mousse mit Obstsalat 62
Zucchini-Cremesuppe mit Gnocchi 19

Die **kochen & genießen** Produktfamilie auf einen Blick!

kochen & genießen Die besten Rezepte

Mehr als 50 der besten Rezepte zu den beliebtesten Koch- und Backthemen im handlichen Kochbuchformat – von den Profis der Zeitschrift **kochen & genießen** ausgewählt und erprobt.

Partysalate
ISBN 978-3-8118-1080-8

Schnitzel
ISBN 978-3-86803-319-9

Käsekuchen
ISBN 978-3-86803-320-5

Weitere lieferbare Titel:

Asiatische Küche
ISBN: 978-3-8118-1917-7

Desserts
ISBN: 978-3-86803-137-9

Party-Hits aus dem Ofen
ISBN: 978-3-8118-2947-3

Schnelle Nudelgerichte
ISBN: 978-3-8118-1081-5

Spargel
ISBN: 978-3-8118-1916-0

20-Minuten-Pfannengerichte
ISBN 978-3-86803-428-8

Coole Torten aus dem Kühlschrank
ISBN 978-3-86803-427-1

Der Kinder-Kochclub
ISBN 978-3-86803-465-3

Jeder Band
80 Seiten, Hardcover
durchgehend 4-farbig
Format 19,5 × 23,0 cm
€ 6,95 (D) / € 7,20 (A)